NOTICE

SUR

LE PROFESSEUR LAENNEC.

NOTICE

SUR

LE PROFESSEUR LAENNEC.

PAR

M. LEJUMEAU DE KERGARADEC, D. M. P.

Obiit, non periit.

Août. — 1826.

Aussitôt que l'on eut reçu à Paris la nouvelle de l'événement qui enlevait à la France un de ses ornemens, et aux sciences médicales un des hommes qui les cultivaient avec le plus de zèle et de succès, je rassemblai mes souvenirs et écrivis à la hâte quelques lignes destinées moins à faire connaître les titres littéraires et les vertus privées de M. Laennec, qu'à payer à sa mémoire un juste tribut de reconnaissance et d'amitié. D'autres diront mieux sans doute : exprimer le premier ses regrets était un devoir et une sorte de consolation pour celui qui perd à-la-fois un bienfaiteur et un ami. Un semblable sujet ne se prête pas aux corrections et aux améliorations d'une rédaction nouvelle ; je reproduis donc ici cette notice telle qu'elle s'est trouvée de premier jet, telle qu'elle a été insérée dans le cahier d'août de la *Nouvelle Bibliothèque Médicale.*

J'y ai seulement ajouté une Note des travaux littéraires de M. Laennec, que le temps ne m'avait pas permis de terminer.

NOTICE

SUR LE PROFESSEUR LAENNEC.

Réné Théophile Hyacinthe LAENNEC, Chevalier de l'ordre royal de la Légion-d'Honneur, Docteur en Médecine de la Faculté de Paris, Médecin de S. A. R. Madame, duchesse de Berri, Lecteur et Professeur royal en Médecine au Collége de France, Professeur de Clinique médicale à la Faculté de Médecine de Paris, Médecin honoraire des dispensaires de la Société philanthropique, Membre titulaire de l'Académie Royale de Médecine, de l'Athénée de Médecine de Paris, et d'un grand nombre d'autres sociétés savantes, nationales et étrangères, naquit à Quimper, en basse Bretagne, dans l'année 1781. Il passa sa première jeunesse à Nantes près d'un médecin recommandable, M. le docteur Laennec, son oncle (1), qui lui

---

(1) M. Laennec, oncle, était alors médecin en chef de l'hôtel-Dieu de Nantes, et fut depuis professeur de clinique interne et de matière médicale à l'école secondaire de médecine de cette ville.

fit faire de bonnes études, et lui donna les premiers élémens d'un art dans lequel le jeune Laennec devait s'illustrer un jour, et dont il était appelé à reculer les bornes.

Arrivé à Paris en 1800, ses connaissances approfondies dans les langues grecque et latine, tombées par les malheurs des temps dans un oubli presque universel, et une instruction médicale déjà aussi solide qu'étendue, lui assignèrent un rang distingué parmi les élèves qui suivaient les cours de l'École de médecine. Il s'attacha plus particulièrement à la clinique de Corvisart; et ce fut sous les yeux et sous la direction toute bienveillante de ce grand praticien, qu'il se forma dans la connaissance et l'appréciation des signes des maladies. Ce fut là aussi qu'il prit pour l'anatomie pathologique un goût particulier, qui ne devait plus se démentir.

En 1802, le jeune Laennec remporta au concours de l'École Pratique, les deux grands prix de médecine et de chirurgie décernés par l'Institut de France. Il fut reçu docteur l'année suivante (mai 1803), après avoir subi avec la plus grande distinction les épreuves voulues par la loi. Sa thèse avait pour titre, *de la Doctrine d'Hippocrate relativement à la Médecine pra-*

tique; il s'y montra ce qu'il fut toujours par la suite : grand admirateur de l'homme étonnant qui, privé de nos méthodes et de nos moyens d'étude, avait, par la seule force de son génie, élevé la science à un si haut degré de splendeur.

Malgré les nombreux travaux des Bonnet, des Morgagni, des Portal et des Bichat, l'anatomie pathologique n'était pas, à cette époque, aussi généralement cultivée qu'elle l'est de nos jours; ou plutôt, elle ne consistait encore que dans une masse d'observations, importantes, il est vrai, mais isolées. MM. Laennec et Dupuytren conçurent, à-peu-près dans le même temps, l'heureuse idée de mettre ces matériaux en œuvre, de les coordonner, d'en déduire enfin des conséquences générales et des principes certains. Lorsque deux hommes d'un mérite aussi éminent se rencontrent sur le même terrain, il est impossible qu'ils ne se forment pas sur plusieurs points des notions plus ou moins semblables; l'on peut dire même que cette identité de doctrine est une preuve de plus de la bonté des méthodes employées et de l'exactitude des résultats. Il s'éleva donc entre les deux jeunes rivaux une discussion dans laquelle chacun d'eux revendiquait la priorité d'une conception à laquelle l'un et l'autre attachait sa gloire. Soutenue de part et d'autre avec chaleur, mais en même temps avec toute la décence et la modération désirables, cette polémique tourna, en définitive, au profit de la science. Les deux antagonistes ouvrirent des cours d'anatomie pathologique que suivirent un grand nombre d'élèves, avides d'ajouter à la connaissance de l'état sain, celle des nombreuses altérations pathologiques dont nos tissus sont susceptibles. C'est à dater de cette époque que la science des altérations morbides prit rang parmi les sciences médicales ; et la justice oblige à reconnaître que l'on doit en très-grande partie aux deux hommes célèbres dont je viens de parler, la vogue dont nous la voyons jouir aujourd'hui.

La faible complexion de M. Laennec, et les soins que réclamait de lui une clientelle déjà nombreuse, l'obligèrent, au bout de quelques années, à se retirer de cette carrière de l'enseignement particulier qu'il venait de parcourir avec beaucoup de succès. Il ne renonça pas toutefois à l'étude des sciences médicales, dans lesquelles il se perfectionnait tous les jours, au contraire, tant par la méditation des écrits des anciens, objet pour lui d'une prédilection marquée, que par le soin qu'il mettait à se tenir au courant des progrès journaliers que faisaient faire à la médecine les travaux des contemporains. En preuve de cette assertion, je rappellerai ici les nombreux articles originaux et les judicieuses analyses critiques dont il a enrichi la *Bibliothèque Médicale*, *le Journal de médecine* qu'il dirigea pendant plusieurs années, et le *Dictionnaire des Sciences Médicales*, dans les premiers volumes duquel il a publié d'importans articles d'anatomie pathologique.

Nommé, en 1816, médecin en chef de l'Hôpital Necker, M. Laennec y attira bientôt un grand concours d'élèves et de médecins tant nationaux qu'étrangers. Il s'occupait alors de perfectionner l'auscultation médiate, nouvelle méthode d'exploration des maladies de poitrine, que le hasard lui avait fait découvrir, et dont il avait bientôt senti toute l'importance. Il consacra trois années à ces travaux, à l'examen préalable et à la vérification desquels furent appelés un grand nombre des premiers médecins de la capitale.

L'ouvrage parut enfin en 1819; mais l'auteur, épuisé par les soins qu'il y avait donnés, fut contraint de se retirer dans son pays natal, où le concours d'un bon air, du repos, de la satisfaction de l'esprit et du cœur, ne put, qu'après un séjour de deux ans sur les bords de la mer, rétablir une santé si profondément altérée.

La méthode nouvelle n'était reçue des praticiens qu'avec beaucoup de défiance, et une défaveur qu'explique cette tendance routinière à regarder les progrès de la science comme d'inutiles nouveautés, tendance dont ne se défendent pas toujours les meilleurs esprits et les médecins même le plus justement estimés. Quelques hommes légers allèrent jusqu'à vouloir jeter du ridicule sur la méthode et sur l'instrument qu'elle avait fait naître.

Chargé de rendre compte, dans *la Bibliothèque médicale*, du *Traité de l'Auscultation médiate*, j'en sentis toute l'importance. Le caractère connu de l'auteur, avec qui pourtant je n'avais encore aucune liaison, me paraissait une garantie bien suffisante de l'exactitude des faits étonnans dont il révélait l'existence. Je voulus néanmoins les vérifier par moi-même, et ce ne fut qu'après en avoir acquis une connaissance personnelle, que je portai de l'ouvrage un jugement favorable, justifié bientôt par l'opinion publique. Ce fut là l'origine de l'amitié dont m'honora M. Laennec, et dont il m'a donné depuis tant de preuves si précieuses à mon cœur.

De retour à Paris, après une absence de deux ans, que l'on avait crue définitive, M. Laennec fut désigné par le vertueux Hallé lui-même, comme l'homme le plus digne de lui succéder dans la confiance d'une auguste princesse : il fut immédiatement nommé médecin de S. A. R. Madame, duchesse de Berri.

La mort ayant frappé peu après le savant, le respectable Hallé, M. Laennec fut encore appelé à lui succéder dans un poste qu'avaient illustré les Corvisart, les Ferrein, les Bouvart, les Astruc, les Riolan, les Guy Patin, les Duret, les Vidus Vidius. Il ne se montra inférieur à aucun de ses devanciers. Dans le cours de médecine qu'il fit durant plusieurs années au Collége de France, il trouvait occasion de développer les principes les plus lumineux sur tous les points de la science; mais il insistait plus particulièrement sur l'anatomie pathologique, assignant des caractères distinctifs à chacune des désorganisations de nos tissus et des productions morbides accidentelles, et jetant un nouveau jour sur les altérations des fluides, qui avaient été méconnues ou négligées pendant les années précédentes. Nombre de médecins distingués, des professeurs même, vinrent chercher un surcroît d'instruction aux leçons du nouveau professeur, et se retirèrent pleins d'estime pour ses vastes connaissances.

Cependant une jeunesse ardente, remplie, sans doute, d'amour pour la science et pour le perfectionnement de l'esprit humain, mais, il faut le dire, séduite par les vains éloges et égarée par les perfides suggestions de perturbateurs qui savaient trouver des moyens d'entraînement dans la générosité même des sentimens propres au jeune âge, donna, dans une circonstance à jamais déplorable, le dangereux exemple d'une scandaleuse insubordination. Les gens sages, les vrais élèves eux-mêmes, c'est-à-dire les jeunes gens studieux, uniquement occupés de leurs travaux et animés du seul désir de mériter, un jour, par leur instruction, l'estime et la confiance publiques, tous ces hommes étaient consternés; ils prévoyaient les conséquences de ces scènes de désordre.

Leurs craintes n'étaient que trop fondées. La haute réputation, la juste célébrité des professeurs de la première Faculté de médecine de l'Europe, ne purent l'emporter, dans l'opinion des dépositaires du pouvoir, sur l'indispensable nécessité de faire respecter ses organes, et de rétablir dans toutes les classes de la société l'ordre et la subordination ébranlés par tant d'atteintes journalières. L'autorité voulut frapper un grand coup... la Faculté de Médecine de Paris fut dissoute.

Appelé au sein de la Commission chargée de l'organisation de la nouvelle Faculté, M. Laennec parvint non-seulement à faire adopter plusieurs modifications utiles du projet sur lequel seul la Commission avait à délibérer, mais encore à rétablir sur la nouvelle liste des professeurs quelques noms de l'ancienne qui ne s'y trouvaient pas. Depuis on le vit user de tout son crédit pour améliorer la position de ceux qu'avait définitivement frappés l'ordonnance.

M. Laennec, qui avait d'abord été désigné pour remplir une des chaires de clinique interne créées par l'ordonnance de réorganisation, n'était pourtant pas compris parmi les professeurs de la nouvelle Faculté, parce que le ministre le destinait à un poste beaucoup plus élevé dans l'ordre universitaire, celui de membre du Conseil royal de l'instruction publique. Mais que lui importaient des emplois plus éminens et plus lucratifs? avant tout il voulait être utile, et l'enseignement clinique lui semblait la carrière dans laquelle il pouvait rendre le plus de services : il demanda donc et obtint facilement du ministre d'être réintégré sur la liste.

On le vit, dans ses nouvelles fonctions, déployer le même zèle et la même exactitude qu'il apportait à l'accomplissement de tous ses devoirs; il s'y montra d'une complaisance sans bornes et d'une aménité parfaite pour tous ceux qu'atti-

raient sa grande réputation et le désir de se perfectionner dans les études stéthoscopiques. Toutes
les parties de l'Europe civilisée lui envoyèrent
des auditeurs, dont plusieurs firent exprès le
voyage de Paris, pour juger par eux-mêmes la
nouvelle méthode, et pour voir de près celui auquel était réservée la double gloire de l'avoir in-
ventée et de la perfectionner.

M. Laennec aimait les élèves; il avait sur-tout
à cœur leur instruction. Nourri, comme je l'ai
dit, dans la lecture des anciens, il n'adoptait
pas, à beaucoup près, tous les principes d'une
doctrine nouvelle qui prétendit un moment ou-
vrir une nouvelle ère en médecine et régner
despotiquement dans le monde médical. Il dé-
plorait les fâcheuses préventions que l'on inspi-
rait aux élèves contre les meilleurs écrits des
praticiens des temps passés; il y voyait sur-tout
un inconvénient bien grave, celui de favoriser
la paresse et l'ignorance, en détournant les élèves
des études sérieuses, sans lesquelles il n'est point
d'instruction solide; aussi se montrait-il sévère
dans les examens de la Faculté, tant parce qu'il
se croyait comptable envers le public de l'instruction de ceux auxquels allaient être confiés
d'importans, mais dangereux pouvoirs, que parce
qu'il espérait ramener le goût de l'étude par la

nécessité de faire preuve d'un savoir réel. M. Laennec était donc redouté de quelques candidats, mais de ceux-là sur-tout qui, se rendant justice, sentaient bien qu'ils n'avaient pas acquis une instruction suffisante ; j'en ai vu d'autres le rechercher au contraire, et attacher une sorte d'amour-propre à l'avoir pour examinateur.

Peut-être les préventions de M. Laennec contre les nouvelles idées médicales l'empêchèrent-elles d'apprécier tout le mérite du médecin célèbre qui avait le plus contribué à les répandre. Il s'établit, entre deux hommes faits pour s'estimer, une polémique dans laquelle M. Laennec, du moins, sut garder les convenances et les formes qui appartenaient à la modération naturelle de son caractère ; c'est un témoignage que les partisans de son adversaire ne pourraient pas toujours rendre à celui-ci. Qu'importent, après tout, au véritable ami de la science et à la postérité, car le nom des deux antagonistes ne périra point, qu'importent ces petites passions, ces exagérations du moment ? C'est au fond des doctrines, c'est aux faits cités de part et d'autre qu'il convient de s'arrêter. L'un et l'autre ont rendu d'immenses services à la science ; et si la tournure de leur esprit et la nature de leurs travaux les a placés dans des positions absolument différentes ; si l'auteur du *Traité des Phlegmasies chroniques* a, comme je le crois, beaucoup trop généralisé certaines vérités sur lesquelles il avait eu la gloire de fixer ou de ramener l'attention des médecins, les noms de Laennec et de Broussais n'en sont pas moins faits pour illustrer leur patrie; ils ne doivent pas moins l'un et l'autre, mais chacun dans sa sphère particulière, être regardés comme les hommes aux travaux desquels se rattacheront les plus grands progrès que la médecine française ait jamais faits depuis les temps les plus reculés.

On a reproché à M. Laennec l'emploi de certaine méthode italienne dans laquelle des médicamens, jusqu'alors regardés comme dangereux, sont portés à des doses vraiment effrayantes. Il est vrai qu'avant lui les médecins français n'avaient guère administré ces substances énergiques avec autant de hardiesse; ils ne les avaient pas employées non plus dans des cas où M. Laennec ne craignit point d'y recourir. Mais, tandis que des préventions exagérées s'élevaient contre cette méthode insolite, des hommes plus froids observaient en silence; ils remarquaient, non sans quelque étonnement, l'innocuité primitive de ces substances dans le plus grand nombre des cas, et leur efficacité thérapeutique dans des maladies où les méthodes ordinaires n'offraient pas des chances d'un succès aussi prompt ni aussi complet. La thérapeutique des controstimulistes est encore une question indécise sans doute ; de nouvelles et nombreuses observations sont nécessaires pour la résoudre. Toujours est-il que, depuis l'exemple donné par M. Laennec, les essais se sont multipliés, et qu'aujourd'hui l'on semble beaucoup plus rassuré sur les effets immédiats de médicamens qu'à une dose beaucoup plus faible on avait cru jusqu'ici susceptibles de produire les accidens les plus graves.

La première édition du *Traité de l'Auscultation médiate* était épuisée. M. Laennec se livra à de grandes et pénibles recherches pour revoir avec soin et sévérité tous les faits qui y étaient annoncés, pour redresser les erreurs ou les inexactitudes qui avaient pu s'y glisser, pour faire connaître au public les perfectionnemens qu'il y avait apportés, pour compléter l'anatomie pathologique des maladies de poitrine ; en un mot il refondit son ouvrage en entier, et fit un ouvrage nouveau plutôt qu'une édition nouvelle. La maladie qui nous l'a ravi le surprit au milieu de ces travaux ; elle ne put ralentir son ardeur, et il eut du moins en mourant la consolation d'avoir mis à fin une tâche qu'il s'était pressé d'achever, comme s'il eût pressenti que c'était là le dernier service qu'il devait rendre à la science et à l'humanité.

M. Laennec était, depuis long-temps, sujet à une toux sèche, à une douleur vague et passagère au côté droit, et à une diarrhée qui, lorsqu'elle ne se prolongeait pas au-delà de quelques jours, semblait lui être plutôt utile que nuisible.

Vers le commencement du mois d'avril dernier, il fut pris de fièvre et de dyspnée; la toux augmenta ainsi que la douleur de côté. Deux saignées et l'emploi des moyens appropriés ne parvinrent qu'imparfaitement à dissiper ces symptômes; bientôt il s'y joignit une diarrhée qui se montra rebelle à tous les remèdes. Cependant le malade maigrissait et s'affaiblissait à vue d'œil. Il voulut essayer du moyen auquel il avait dû une première fois la vie et la santé : il partit pour la Bretagne; mais il n'y arriva qu'après un voyage extrêmement pénible, dans lequel plusieurs accidens fâcheux vinrent ajouter à ses fatigues et épuiser le peu de forces qui lui restaient.

Le bonheur de se retrouver dans un lieu qu'il aimait, la pureté et la vivacité de l'air des bords de la mer, auquel il avait une confiance toute particulière, l'éloignement de toute espèce de travaux de l'esprit , de longues promenades en voiture semblèrent le ranimer un moment ; mais bientôt la diarrhée reparut ainsi que la fièvre avec plus d'intensité que jamais ; le ventre devint sensible à la moindre pression , principalement vers l'hypochondre droit ; il survint du délire, des lipothymies fréquentes...... Le savant et vertueux Laënnec est mort à Kerlouarnec près Douarnénez , département du Finistère , le 13 août 1826.

Celui dont je viens d'esquisser ici la vie publique et médicale, était de mœurs douces et d'une égalité d'humeur qui rendaient sa société agréable et son amitié désirable. Sa conversation vive, gaie, spirituelle, était à-la-fois pleine d'intérêt et d'instruction. Les honneurs et sa grande renommée n'avaient porté aucune atteinte à ces précieuses qualités. Naturellement bon et obligeant, il n'usa jamais de son crédit que pour rendre service à ceux qu'il croyait dignes de son estime et de son amitié. L'élévation de son esprit, la noblesse et la générosité de son caractère dispensaient ceux qu'il avait obligés de ces soins assidus auxquels il n'est que trop ordinaire de voir les hommes puissans se complaire. Personne n'était moins exigeant que lui ; aussi n'était-il pas entouré de complaisans , mais de vrais et bons amis, justes appréciateurs de son mérite et de ses vertus.

Ferme dans ses principes politiques et religieux, desquels il ne dévia jamais, pas même lorsque la croyance aux vérités de l'évangile et l'observance des préceptes de la religion étaient, aux yeux des hommes en crédit, des titres de défaveur, M. Laennec était très-tolérant envers les autres. On le voyait accueillir avec bonté les personnes qui se présentaient à lui, quelles que fussent leurs opinions et leurs croyances, et se montrer envers tous également affable et obligeant.

M. Laennec est mort comme il avait vécu : en vrai philosophe. Il ne se dissimulait plus depuis long-temps la gravité de son état, et voyait arriver la mort sans effroi. Il remplit tous ses devoirs avec calme et résignation. Ses derniers momens ont été adoucis par les secours de la religion, par les consolations de l'amitié, par les soins tendres et empressés d'une dame respectable dont la société douce et agréable lui était devenue nécessaire, et qu'il avait unie à son sort depuis deux ans.

Tel était l'excellent homme que la mort a frappé au milieu de sa carrière.

Pourquoi faut-il qu'une vie si bien remplie ait été si promptement tranchée ! Pourquoi faut-il que la science et l'humanité aient été privées des importans services que pouvait encore leur rendre un homme devenu grand par la seule force de son talent, devenu puissant par la seule influence de ses vertus! un homme enfin dont chacun des pas dans la carrière a été marqué par d'utiles travaux ou par d'importantes découvertes!

NOTE

DES TRAVAUX LITTÉRAIRES DE M. LAENNEC.

Journal de Médecine, Chirurgie, Pharmacie, des professeurs CORVISART, LEROUX, et BOYER.

Observation sur une maladie du cœur avec affection du poumon et de la plèvre gauches. (*Tome IV.*)

Histoires d'inflammations du péritoine. (*Tomes IV et V.*)

Observation sur un suicide commis avec un rasoir, par MM. Laennec et Tonnelier. (*Tome V.*)

Note sur l'arachnoïde intérieure des ventricules. (*Ibid.*)

Note sur une capsule synoviale située entre l'apophyse acromion et l'humérus. (*Ibid.*)

Lettre à M. Dupuytren sur des tuniques qui enveloppent

certains viscères et fournissent des gaines membraneuses à leurs vaisseaux. (*Tomes V et VI.*)

Observation sur une maladie du cœur avec péripneumonie, par MM. Bayle et Laennec. (*Tome VII.*)

Note sur l'anatomie pathologique, lue à la société de l'École de médecine, dans sa séance du 6 nivose an XIII. (*Tome IX.*)

Réflexions sur l'hydrocéphale interne aigu. (*Tome XI.*)

Observation sur un anévrisme de l'aorte, qui avait produit la compression du canal thorachique. (*Tome XII.*)

Fièvres intermittentes pernicieuses survenues dans la convalescence d'autres maladies. (*Tome XIV.*)

Observation sur une affection aphtheuse. (*Tome XXII.*)

M. Laennec a encore enrichi ce journal d'un très-grand nombre d'extraits et d'analyses critiques des ouvrages les plus importans qui ont paru de 1804 à 1814.

Il a de plus coopéré avec MM. Leroux, Bayle, Fizeau, Savary, etc. , à la rédaction de la constitution médicale observée à l'hôpital de Clinique interne de la Faculté, de 1805 à 1814.

——

Bulletins de la Société de l'École de Médecine.

Séance du 6 *nivose an* **XIII.** Observation sur des vers ascarides lombricaux, qui remplissaient les voies biliaires d'un enfant dont le canal thorachique s'ouvrait dans l'estomac.

Séance du même jour. Note sur l'anatomie pathologique. (Voir ci-dessus.)

— *du 22 prairial an XIII.* Mémoire sur les vers vésiculaires, principalement sur ceux qui se trouvent dans le corps humain.

Ce beau travail a été imprimé dans le premier volume des *Mémoires* (restés inédits) *de la Société de la Faculté de médecine de Paris.*

Séance du 6 thermidor an XIII. Mémoire sur le cysticerque à double vessie. (*Cysticercus dicystus.*)

— *du 21 frimaire an XIV.* Note sur la non-existence du *tœnia visceralis.*

— *du .... an XIV.* Note sur une dilatation partielle de la valvule mitrale, par MM. Fizeau et Laennec.

— *du 23 janvier 1806.* Mémoire sur les mélanoses.

— *du 13 novembre 1806.* Mémoire sur le *distomus intersectus.*

— *du 27 avril 1807.* Mémoire sur une nouvelle espèce de hernie. (*Intra-pelvienne.*)

— *du 19 décembre 1810. De anginâ pectoris commentarius.*

Il faut ajouter à cette liste de nombreux rapports sur des observations, des mémoires et des pièces d'anatomie pathologique, envoyés à la *Société de l'École de Médecine.*

Bibliothèque médicale.

Les premiers volumes de ce recueil renferment plusieurs extraits et analyses d'ouvrages parmi lesquels nous nous bornerons à citer une *exposition de la doctrine crâniologique de M. le docteur Gall,* à laquelle M. Laennec a consacré trois articles étendus, publiés dans les tomes XIV et XV de *la Bibliothèque médicale.*

Dictionnaire des Sciences médicales.

Anatomie pathologique. (*Tome II.*)
Ascarides. (*Ibid.*)
Cartilages accidentels. (*Tome III.*)
Dégénération. (*Tome VIII.*)
Désorganisation. (Anatomie pathologique.) (*Ibid.*)
Ditrachyceros, ou bicorne rude. (*Tome X.*)
Encéphaloïde. (*Tome XII.*)
Filaire, ou furie infernale. (*Tome XV.*)

Ouvrages publiés séparément.

Proposition sur la doctrine d'Hippocrate appliquée à la médecine-pratique. In-4°, Paris, an X. Cette dissertation inaugurale s'est vendue.

De l'Auscultation médiate, ou traité du diagnostic des maladies des poumons et du cœur, fondé principalement sur ce nouveau moyen d'exploration. *Paris,* Brosson et Chaudé, 1819. 2 vol. in-8. de près de 500 pag. chacun.

Le même ouvrage, 2ᵉ. édition, entièrement refondue. Paris, Chaudé, 1826. 2 vol. in-8. de 800 pages chacun.

Discours prononcé à l'ouverture du cours de médecine du Collége de France, le . . . . . 1822.

Ce discours se trouve aussi dans le n°. 1 des *Archives de médecine* (cahier de janvier 1823).

Manuscrits.

M. Laennec laisse des travaux manuscrits sur divers points de médecine et d'anatomie pathologique. Espérons qu'ils ne seront pas tous perdus pour la science, et que M. le docteur Mériadec Laennec son proche parent, son élève particulier, et l'héritier de ses manuscrits, s'empressera de faire jouir le public de ceux des travaux de l'illustre professeur qui ont déjà acquis un degré de perfection digne de sa grande réputation.

M. Laennec se proposait de rédiger *le cours de médecine* qu'il faisait au collége de France avec tant de succès. Nous sommes informé que M. le docteur Laennec se dispose à en publier la première partie sous le titre *d'Élémens d'anatomie pathologique.*

Dans cet ouvrage se trouvera refondu le

Traité complet d'anatomie pathologique que M. Laennec avait annoncé il y a plusieurs années. Le premier volume en était entièrement terminé ; mais les progrès de la science des altérations organiques ne permettaient plus de le livrer à l'impression tel qu'il était.

FIN.

IMPRIMERIE DE GUEFFIER, RUE GUÉNÉGAUD, N°. 31.